우주가 나를 바라본다

우주가 나를 바라본다
ⓒ박찬웅 Printed in Seoul
2025년 11월 15일 1쇄
지은이 | 박찬웅
발행인 | 박찬우
편집인 | 우현
펴낸곳 | 파랑새미디어

등록번호 | 제313-2006-000085호
서울특별시 마포구 서교동 357-1 서교프라자 318
전화 | 02-333-8311
팩스 | 02-333-8326
메일 | adam3838@naver.com

가격 14,800원
ISBN 979-11-5721-214-9 03810

우주가 나를 바라본다

박찬웅

이 책은 그 여정의 기록이다

그 질문에 천천히 대답해 가는 과정이었다

살아간다는 것은

우주가 나를 바라보고

차례

프롤로그 ·· 008

개요 ·· 010

1장. 우주의 첫 시선 ···································· 014

2장. 고요 속의 질문 ···································· 020

3장. 나의 작은 우주 ···································· 027

4장. 숨의 의미 ··· 034

5장. 감정의 바다 ······································· 042

6장. 외로움의 자리 ····································· 049

7장. 시간의 그림자 ····································· 056

8장. 죽음의 얼굴 ······································· 064

9장. 변화의 법칙 ······································· 070

10장. 통찰의 불빛 ………………………… 077

11장. 마음의 눈 …………………………… 083

12장. 사랑과 용서 ………………………… 091

13장. 자연의 언어 ………………………… 097

14장. 귀향 ………………………………… 105

15장. 다시 삶으로 ………………………… 112

부록_우주의 이치와 과학적 해석 ………………… 118

작가의 말 ………………………………………… 124

프롤로그

"우주는 나를 바라보고, 나는 그 시선을 따라 걷는다"

밤하늘을 올려다볼 때마다 나는 묘한 감정을 느낀다.
끝이 보이지 않는 어둠 속에서 반짝이는 별빛들은
언제나 나보다 오래된 존재들이다.
그 오래된 빛이 지금, 이 순간 내 눈에 닿는다는 건,
우주가 나를 바라보고 있다는 증거 같았다.

나는 오래전부터 물었다.
"나는 왜 여기에 있는가?"
그 질문은 단순한 호기심이 아니라,
존재를 확인하려는 하나의 기도였다.
살아간다는 것은 그 질문에 천천히 대답해 가는 과정이었다.

이 책은 그 여정의 기록이다.
삶의 고요 속에서, 외로움과 사랑 속에서,
나는 조금씩 우주의 언어를 배웠다.
그 언어는 말이 아닌 느낌으로 존재했고,
그 느낌 속에서 나는 '나 자신'을 다시 만났다.

우주는 멀리 있지 않다.
숨을 들이쉴 때마다, 감정을 느낄 때마다,
우주는 내 안에서 살아 움직인다.
그리고 나는 그 움직임 속에서
조금 더 깊은 '존재의 의미'를 배워간다.

이 책을 펼친 당신도 언젠가
자신만의 별빛을 따라 걷게 되길 바란다.
그 빛은 멀리 있지 않다.
당신의 마음, 바로 그 안에서
조용히 반짝이고 있을 테니까.

개요

이 책은 우주를 철학으로 설명하려 하지 않는다.
대신, 우주가 느끼는 방식을 인간의 삶을 통해 보여주려 한다.

우리는 별의 먼지로 태어나, 감정과 시간 속을 흐르며
다시 그 별의 품으로 돌아간다.
그 여정 속에서 느끼는 사랑, 외로움, 죽음, 통찰은
모두 우주가 우리를 통해 경험하는 감정이다.

1장에서 우리는 '존재의 신비'를 바라보고,
2~6장에서 '고요 속의 내면'을 마주한다.
7~10장은 '삶과 죽음의 순환'을 이야기하며,
11~15장은 '사랑과 귀향, 그리고 다시 삶으로' 돌아오는 길이다.

이 책은 답을 주지 않는다.

다만 묻는다.

"우주는 지금, 너를 통해 무엇을 느끼고 있는가?"

그리고 그 물음이 마음에 닿을 때,
이미 당신은 우주의 일부가 되어 있다.

1장.
우주의 첫 시선

밤하늘을 올려다본다.

별들은 멀리 있지만, 그 빛은 아주 오래된 이야기처럼 내 눈앞까지 와 있다.

나는 그 빛을 따라 시선을 옮기며 문득 생각한다.

이 빛이 출발했을 때, 나는 아직 존재하지도 않았겠지.

그런데 지금, 그 오래된 빛이 내 눈 속에 닿아 반짝이고 있다.

그 사실이 이상하리만큼 따뜻하다.

나는 아주 어릴 적에도 별을 좋아했다.

가난했던 시절, 도시의 불빛이 닿지 않던 산자락에서

밤마다 하늘을 올려다보곤 했다.
그땐 이유를 몰랐지만,
별을 보고 있으면 세상이 잠시 조용해졌고,
나 자신이 어딘가로부터 '불리고 있다'는 느낌이 들었다.

그때부터 마음속에 묻기 시작했다.
"나는 왜 여기에 있을까?"
"왜 나는 이 몸으로, 이 세상에 태어나 살아가고 있을까?"

그 질문은 단순한 호기심이 아니었다.
어쩌면 그건,
우주가 나를 통해 스스로에게 던진 질문이었을지도 모른다.

우주는 얼마나 넓을까.
별이 셀 수 없이 많고, 그중 일부는 이미 폭발해 사라졌지만,
빛은 여전히 이곳으로 오고 있다.
그건 마치 죽음과 생명이 뒤섞인 거대한 숨결 같다.

사라진 것이 여전히 존재하고,
존재하는 것이 언젠가 사라진다.
이 순환의 흐름 속에서 나는 아주 작은 점에 불과하지만,
그 점 안에 또 다른 우주가 깃들어 있는 듯하다.

가만히 눈을 감으면,
내 안에도 수많은 별이 있다.
생각, 기억, 감정, 꿈들이 서로 다른 궤도로 돌고 있다.
어떤 별은 이미 꺼졌지만,
그 빛은 아직 내 마음속에서 남아 나를 비춘다.
그래서 나는 가끔 느낀다.
우주는 바깥에만 있는 것이 아니라,
내 안에도 있다.

삶이란, 어쩌면 우주가 자신을 경험하는 방식일지도 모른다.
별은 태어나고, 타오르고, 사라지며 또 다른 별의 재료가

된다.

인간의 삶도 그렇게 이어진다.

나의 기쁨과 슬픔, 사랑과 상처,

그 모든 것은 우주가 느끼고 싶은 감정의 한 조각일 것이다.

그래서 우리는 단 한 사람도 같은 인생을 살지 않는다.

우주는 반복을 싫어한다.

모든 생명은 단 한 번뿐인 실험이고,

그 실험을 통해 우주는 끝없이 자신을 확장한다.

어쩌면 나의 생각, 나의 눈빛, 나의 하루 하나하나가

우주가 스스로를 바라보는 또 다른 시선일지도 모른다.

나는 우주가 느끼고 싶어 만든 감정의 그릇,

보고 싶어 만든 눈,

살아있음을 확인하고 싶은 하나의 존재다.

―

나는 자주 '나'라는 존재를 작게 여긴다.

하지만 별빛을 보면 생각이 달라진다.

그 빛이 이곳에 닿기까지 수천 년이 걸렸다.
그 긴 시간의 여정을 견디며 온 빛이
지금 내 눈에 머무른다는 사실이 경이롭다.
우주는 나에게 이렇게 말하는 것 같다.
"너는 작지만, 너를 통해 나는 느낀다."

그 말을 마음속으로 되뇌면
모든 것이 조금 달라 보인다.
길가의 돌멩이도, 바람도, 지나가는 사람의 눈빛도
다 우주가 스스로를 만지고 있는 장면처럼 느껴진다.

―――

세상은 거대하지만, 동시에 너무 섬세하다.
나는 오늘도 숨을 쉬며,
그 숨결 속에서 우주의 호흡을 듣는다.
들숨은 빛을 받아들이는 일,
날숨은 그 빛을 세상으로 내보내는 일.
그 단순한 리듬 속에

'존재한다'는 말의 진짜 의미가 숨어 있다.

나는 더 이상 '왜 존재하는가'를 묻지 않는다.
그 대신 이렇게 느낀다.
"존재한다는 것만으로도 충분하다."

밤하늘의 별들이 다시 반짝인다.
나는 고개를 들어 그것들을 바라본다.
그 수많은 빛 중 하나가,
오늘 밤 내 마음에 떨어진다.
그건 마치 우주가 내게 인사하는 것 같다.

"너를 통해 나는 느낀다.
그리고 너를 통해 나는 살아 있다."

그 순간, 나는 미소 짓는다.
하늘을 보는 일이 곧 나 자신을 보는 일임을
이제는 안다.

2장.

고요 속의 질문

세상은 늘 시끄럽다.

자동차의 소리, 사람의 대화, 휴대전화의 진동.

모든 것이 나를 향해 말을 걸어오지만,

정작 그 속에서 나는 점점 '나 자신'의 목소리를 듣지 못하게 된다.

어느 날 문득, 아무 말도 하고 싶지 않았다.

라디오를 끄고, 휴대전화를 뒤집어놓고, 창문을 열었다.

바람이 들어왔다.

그 바람은 말이 없었지만,

그 침묵이 오히려 나에게 가장 많은 말을 걸어왔다.

그때 나는 처음으로 스스로에게 물었다.

"나는 어디로 가고 있는 걸까?"

그 질문은 아주 오래된 것처럼 느껴졌다.

마치 내가 태어나기 전부터

내 안 어딘가에서 계속 울리고 있던 소리 같았다.

우리는 늘 살아가느라 바쁘다.

해야 할 일, 만나야 할 사람, 감당해야 할 책임들.

그 속에서 '살아간다'는 건 곧 '잊는다'는 뜻이 되었다.

무엇을 잊느냐고?

나 자신을.

세상은 끊임없이 움직이지만,

진짜 변화는 멈춤 속에서 일어난다.

나는 그걸 아주 늦게 깨달았다.

달리기를 멈추면,

비로소 숨소리가 들린다.

말을 멈추면,
비로소 마음이 들린다.
그리고 고요 속에 서면,
비로소 '나'라는 존재가 느껴진다.

그날 이후 나는 가끔 일부러 고요함을 찾았다.
밤이 깊어 모두 잠든 시간,
방 안의 불을 끄고 가만히 앉아 있으면
작은 소리 하나하나가 커지기 시작했다.
냉장고의 진동, 시계의 초침, 그리고 내 심장의 박동.
그 모든 리듬이 합쳐져
하나의 거대한 음악처럼 들렸다.
그건 마치,
우주가 내 안에서 숨 쉬고 있는 소리 같았다.

그 순간 나는 깨달았다.
우주가 내게 말을 거는 방식은 언제나 고요함이었다는 걸.

삶의 소음이 잦아들 때,
우주는 그 틈 사이로 조용히 들어왔다.
그리고 그 속삭임은 늘 같았다.

"너는 지금 여기에 있다."

고요 속에서 묻는 질문은 다르다.
그건 세상에 대한 의문이 아니라,
존재 그 자체에 대한 물음이다.
"나는 누구인가?"
"나는 왜 존재하는가?"
이 질문들은 답을 찾기 위해 던지는 게 아니다.
그저 스스로의 깊은 곳을 비추기 위한 빛이다.

나는 그 질문을 두려워했었다.
답이 없을까 봐,
혹은 그 답이 내가 생각했던 것과 다를까 봐.

하지만 시간이 지나면서 알았다.

이 질문은 답을 위한 것이 아니라, 깨어 있기 위한 것이라는 걸.

질문이 사라진 순간, 삶도 잠들기 시작한다.

어떤 날은,

고요함이 무섭게 느껴질 때도 있다.

모든 소리가 사라지고,

마음속의 빈자리가 크게 울릴 때.

하지만 그때마다 나는 스스로에게 말한다.

"괜찮아. 이건 사라지는 게 아니라, 비워지는 거야."

비워질 때만 새로운 것이 들어온다.

우주는 늘 그렇게 움직여왔다.

우리가 태어나는 것도,

사랑하는 것도,

헤어지는 것도,

모두 '공간을 만들어내는 일'이다.
삶은 채움이 아니라 순환이다.

어느 새벽, 나는 길을 걷다 멈췄다.
도시의 불빛이 희미하게 꺼져가고 있었다.
그 순간,
내 안에서 작게 울리는 소리를 들었다.
"살아 있다는 건, 느끼고 있다는 뜻이다."
그 한마디가 내 마음 깊은 곳에서 울렸다.

그날 이후 나는 고요함을 두려워하지 않게 되었다.
그건 공허가 아니라,
우주가 내 안에서 숨을 고르는 시간이었다.
나는 그 숨을 들으며 생각했다.
삶이란 어쩌면,
그 고요한 틈 사이로 흘러드는 빛 하나를 알아차리는 일
일지도 모른다.

이제 나는 알 것 같다.

세상은 말이 너무 많고,

진실은 언제나 그 말들 사이의 침묵 속에 숨어 있다.

고요 속의 질문은 그 진실을 듣게 한다.

그리고 그 질문을 품고 살아가는 일,

그게 바로 인간으로 존재한다는 의미일지도 모른다.

나는 오늘도 잠시 멈춰, 숨을 들이쉰다.

모든 소리가 사라진 공간 속에서,

다시 한번 스스로에게 묻는다.

"나는 지금 어디에 있는가?"

그 물음은 답을 바라지 않는다.

그저, 살아 있음을 느끼게 한다.

3장.

나의 작은 우주

나는 어느 날 문득 생각했다.

하늘에 별이 있다면, 내 마음에도 별이 있을까?

그 별들은 어떤 빛으로 타오르고 있을까?

사람의 마음은 보이지 않지만,

그 안에는 셀 수 없는 별들이 숨어 있다.

기억이라는 별,

사랑이라는 별,

두려움이라는 별.

그 별들은 서로 다른 속도로 돌며,

서로 다른 온도로 빛난다.

그리고 때로는 충돌하고, 때로는 멀어진다.

나는 그 안을 들여다본다.

어릴 적의 따뜻한 기억 하나가 천천히 떠오른다.

그건 오래된 별빛 같았다.

시간이 흘러도 여전히 나를 비추는,

사라지지 않는 빛.

그 빛이 있기에 나는 지금의 내가 된 것 같았다.

사람의 마음은 하나의 우주다.

그리고 그 우주에는 각자의 법칙이 있다.

누구에게나 무너질 수 없는 중심이 있고,

그 중심을 지키려는 중력이 있다.

때로는 누군가가 다가와

그 궤도를 흔들기도 한다.

그건 불안이 아니라,

우주가 서로의 궤도를 인식하기 시작했다는 신호다.

사랑도 그렇다.

사랑은 별의 충돌이다.

두 별이 가까워질수록,

서로의 빛이 겹치고, 온도가 높아진다.

그러다 어느 순간,

한쪽이 너무 뜨거워지면

다른 쪽은 타버리거나 멀어진다.

하지만 그 잿더미 속에서도

새로운 빛의 입자들이 태어난다.

그게 바로 기억이다.

사랑이 끝나도 기억은 남아,

또 다른 별이 된다.

———

외로움은 반대로, 빛이 닿지 않는 영역이다.

마음의 밤하늘에서 가장 어두운 곳.

하지만 그 어둠이 있어야 별이 더 선명하게 보인다.

나는 외로울 때마다 내 안의 별들을 본다.

그때마다 느낀다.
빛은 밖에서 오는 게 아니라,
내 안에서 피어오르는 것이라는 걸.

우리는 모두 자신 안에 은하를 품고 산다.
그 은하 속에서 과거의 별빛이 현재의 나를 비추고,
미래의 별이 아직 태어나지 않은 채
고요히 기다리고 있다.
그래서 인간의 마음은
시간과 공간이 섞인 우주다.
그 안에서 우리는 매일 태어나고,
매일 죽는다.

―

때때로, 내 마음이 너무 복잡해질 때가 있다.
감정들이 서로 부딪히고, 방향을 잃는다.
그럴 때면 하늘을 본다.
그 넓은 공간 속에서

별들은 아무 말 없이 제자리를 돈다.
혼란 속에서도 질서를 잃지 않는다.
그걸 보고 있으면 내 마음도 조금씩 안정된다.
"그래, 이 혼란도 결국 하나의 궤도일 뿐이야."
그 생각이 들면 마음이 잔잔해진다.

우리는 종종 '나'를 고정된 존재로 생각하지만,
사실 나는 늘 변하고 있다.
새로운 생각이 태어나고,
옛 감정이 사라지고,
누군가의 말이 마음의 궤도를 바꾼다.
그 변화는 때때로 혼란스럽지만,
그게 바로 '살아 있는 우주'의 증거다.

삶은 완벽한 조화가 아니라
끊임없는 조정이다.
별이 폭발하고, 먼지가 흩어져

다시 별이 만들어지듯이,
우리의 마음도 그렇게 스스로를 다시 만든다.

나는 내 안의 우주가 작다고 생각했었다.
하지만 이제는 안다.
이 작은 우주가 없다면,
저 거대한 우주도 의미를 가질 수 없다는 걸.
우주는 나를 통해 느끼고,
나는 우주를 통해 존재한다.

내 안의 별들은 오늘도 조용히 돌고 있다.
어떤 별은 빛나고,
어떤 별은 잠시 꺼져 있지만,
그 모든 것이 나다.
나는 그 별들의 총합이고,
그 모든 빛의 흔적이다.

밤이 깊어질수록

나는 내 안의 우주를 더 선명히 느낀다.

그곳엔 소음이 없고,

시간도 흐르지 않는다.

다만 존재가 있다.

그 존재가 오늘의 나를 만든다.

나는 이제 더 이상 밖에서 답을 찾지 않는다.

답은 언제나 내 안에 있었다.

나는 그 답을 이렇게 속삭인다.

"나는 작지만, 무한하다."

4장.
숨의 의미

아침의 공기가 차갑다.

눈을 뜨자마자 나는 천천히 숨을 들이쉰다.

아무런 의식도 없이, 그러나 그 행위만으로

나는 세상과 이어져 있다는 걸 느낀다.

숨은 생각보다 오래된 언어다.

우리가 태어나자마자 처음으로 내뱉는 소리,

그리고 세상을 떠날 때 마지막으로 남기는 흔적.

삶의 처음과 끝에는 언제나 숨이 있다.

그 사이는 모두, 그 숨이 이어주는 시간들이다.

나는 한동안 숨을 잊고 살았다.

해야 할 일에 쫓기고, 감정에 눌리고,

마음은 늘 조급했다.

언제부턴가 깊게 숨을 쉬지 못했다.

몸은 움직였지만,

영혼은 멈춰 있는 것 같았다.

그러던 어느 날, 우연히 들은 한 말이 나를 멈추게 했다.

"숨을 쉬는 동안, 모든 건 아직 괜찮은 거야."

그 말은 단순했지만 이상하게 마음에 남았다.

그날 밤, 나는 가만히 누워 내 호흡을 세었다.

들이쉬고, 내쉬고.

그 단순한 리듬 속에서

내 몸과 마음이 조금씩 정리되는 걸 느꼈다.

숨은 들숨과 날숨으로 이루어진다.
하나는 받아들이는 일,
다른 하나는 놓아주는 일이다.
삶도 그렇다.
무언가를 얻고, 또 잃고,
사랑하고, 떠나보내고,
그 모든 과정이 하나의 호흡처럼 이어진다.

우리는 종종 '붙잡는 법'만 배우고 '놓는 법'은 잊는다.
하지만 날숨이 없다면 들숨도 의미가 없다.
놓아야 다시 채워진다.
우주는 그렇게 숨 쉬며 순환한다.

나는 어느 날, 바람 부는 언덕에 서 있었다.
바람이 내 얼굴을 스쳤다.
그건 마치 세상이 나에게 숨을 불어넣는 것 같았다.
내가 들이마신 공기 속에는

나무의 숨, 바다의 숨, 그리고 수많은 생명의 호흡이 섞여 있었다.

나는 혼자가 아니었다.

우리는 모두 같은 공기를 나누며,

같은 리듬으로 살아가고 있었다.

그걸 깨닫자

숨 쉬는 일조차 신비롭게 느껴졌다.

숨은 단순한 생리 현상이 아니라,

존재의 연결을 증명하는 행위였다.

숨은 마음의 모양도 바꾼다.

불안할 땐 짧고 거칠고,

평온할 땐 깊고 느리다.

그래서 나는 마음이 흔들릴 때면 먼저 숨을 본다.

그 리듬이 나의 상태를 말해준다.

그리고 나는 천천히 들이쉰다.

그러면 세상이 조금 넓어진다.

숨은 언제나 지금에 있다.
과거에도, 미래에도 숨을 쉴 수 없다.
숨은 오직 '지금'만을 허락한다.
그래서 호흡을 느낄 때 우리는 가장 명확히 '지금 살아 있음'을 인식한다.
그 단순한 사실이, 어쩌면 인생의 핵심일지도 모른다.

나는 가끔 이런 상상을 한다.
우주가 거대한 폐(肺)라면,
별들은 그 안에서 움직이는 산소 입자일지도 모른다.
그 속에서 생명은 끊임없이 순환하고,
우주는 우리를 통해 숨을 쉰다.
내가 들이마신 공기가 언젠가 누군가의 호흡이 될 것이다.
그 연결 속에서

죽음조차 이어짐의 한 형태가 된다.

이제 나는 숨을 다르게 생각한다.
숨은 단순히 생존의 조건이 아니라,
삶의 대화 방식이다.
세상과의 교감, 나와 우주의 약속.
숨을 들이쉴 때마다 나는 세상을 받아들이고,
숨을 내쉴 때마다 세상에 나를 남긴다.

오늘도 나는 천천히 숨을 쉰다.
그 숨 속에는
수많은 별의 먼지와
아득한 시간의 흔적이 섞여 있다.
그걸 생각하면,
작은 숨 하나조차 거대한 우주의 연장선처럼 느껴진다.

"나는 숨을 쉰다.

그러므로 나는 존재한다."

그 말은 단순하지만,
살아 있음의 모든 철학을 품고 있다.

5장.

감정의 바다

감정은 바다와 닮았다.

가끔은 잔잔하고, 가끔은 거칠다.

어떤 날엔 푸르르고, 어떤 날엔 회색이다.

하지만 그 모든 모습이 바다다.

그것이 바다의 진짜 얼굴이다.

나는 오랫동안 감정을 숨기며 살아왔다.

슬픔은 약한 거라 생각했고,

분노는 미숙한 거라 여겼다.

감정을 드러내는 대신,

그저 견디고, 눌러두고, 삼켰다.

그렇게 하면 더 단단해질 줄 알았다.

하지만 시간이 지나자,

내 안의 바다는 고요가 아니라,

억눌린 파도로 가득 차 있었다.

어느 날, 아무 이유 없이 눈물이 났다.

누군가의 말 한마디 때문도, 특별한 사건 때문도 아니었다.

그냥, 마음속 어딘가가 넘쳐버린 것이다.

그때 나는 비로소 알았다.

감정은 흘러야 한다는 걸.

흐르지 못한 감정은 고여서 썩고,

흐를 수 있는 감정만이 다시 맑아진다.

우리는 늘 기쁨만을 원하지만,

기쁨만 있는 바다는 존재하지 않는다.

파도는 밀려왔다가, 반드시 밀려 나간다.

슬픔도 그래야 한다.
그것이 감정의 리듬이고,
살아 있음의 리듬이다.

감정은 약점이 아니라,
우주가 우리를 통해 느끼는 감각이다.
우주는 별의 폭발로 자신을 새롭게 하고,
생명은 눈물로 스스로를 정화한다.
울음은 작은 별의 폭발이다.
그 속에서 새로운 빛이 태어난다.
그래서 나는 이제 울음이 부끄럽지 않다.
눈물이 흐를 때,
나는 내 안의 우주가 살아 움직이고 있음을 느낀다.

사랑도 감정의 파도 중 하나다.

사랑은 늘 아름답지만,

그만큼 위험하다.

가까워질수록 부서지고,

서로를 닮을수록 상처를 남긴다.

하지만 그 상처 속에서 우리는 배우고, 자란다.

사랑은 완벽한 결합이 아니라,

서로의 모서리를 부드럽게 깎아가는 과정이다.

우주는 그런 마찰 속에서 빛을 낸다.

때로는 분노도 필요하다.

분노는 파도를 뒤집는 힘이다.

그건 파괴가 아니라,

정체된 물결을 다시 흐르게 하는 움직임이다.

분노가 지나간 자리엔

대부분 진실이 남는다.

그 진실은 우리를 조금 더 솔직하게 만든다.

그래서 나는 이제 감정을 나누는 일을 두려워하지 않는다.

그건 약함이 아니라 용기다.

감정은 인간이 가진 가장 고귀한 언어다.
그 언어로 우리는 서로를 이해하고,
세상을 느낀다.
말보다 먼저 전해지는 감정이 있고,
말 없이도 느껴지는 마음이 있다.
그건 영혼이 하는 대화다.
우주는 그런 감정의 언어를 통해
스스로의 깊이를 경험한다.

나는 가끔 바닷가에 앉아 파도를 본다.
그 물결은 단 한순간도 같은 모양으로 흐르지 않는다.
그럼에도 바다는 언제나 바다다.
그걸 보고 있으면

마음속의 감정도 조금은 용서할 수 있게 된다.
기쁨도, 슬픔도, 두려움도 다 나의 일부였다.
그것들을 없애려 하지 않아도 된다.
그저 바라보고, 흘려보내면 된다.
그게 감정을 다스리는 게 아니라,
감정을 이해하는 방법이다.

감정의 바다는 끝이 없다.
그러나 그 바다를 두려워하지 않게 되는 순간,
우리는 비로소 '살아 있음'을 느낀다.
그건 세상과의 가장 진한 교감이고,
우주가 우리 안에서 울리는 파동이다.

오늘 나는 또 한번 그 바다를 마주한다.
파도가 밀려오면 그대로 맞고,
물결이 빠져나가면 잠시 고요히 선다.
그 단순한 리듬 속에서

나는 한 가지를 느낀다.

"감정은 나를 흔드는 것이 아니라, 나를 살아 있게 하는 것이다."

6장.

외로움의 자리

외로움은 조용히 찾아온다.

누구에게 버림받아서도, 누군가가 사라져서도 아니다.

그저 세상의 모든 소리가 멈춘 어느 순간,

마음의 한가운데에 낯선 빈자리가 생긴다.

그 빈자리는 처음엔 두려웠다.

그곳에 빠져들면 다시는 돌아오지 못할 것 같았다.

그래서 나는 늘 무언가로 그 자리를 채우려 했다.

사람의 목소리, 음악, 일, 혹은 끝없는 생각들.

하지만 이상하게도, 아무리 채워도 그 자리는 비어 있었다.

어느 날, 더 이상 피할 수 없었다.

모든 걸 멈추고 그 빈자리를 바라봤다.

그 안엔 어둠이 있었고,

어둠 속엔 묘한 따뜻함이 있었다.

그때 처음으로 깨달았다.

외로움은 나를 갉아먹는 게 아니라,

나를 만나러 오는 감정이라는 걸.

외로움은 우리를 깊게 만든다.

사람이 많을 땐, 우리는 얕게 흘러간다.

관계 속에서 웃고, 떠들고, 부딪히며

스스로를 잊는다.

그러다 모든 것이 멈출 때,

비로소 내 안의 목소리가 들린다.

그건 작고 나직한 목소리지만,

세상 어떤 소리보다 진실하다.

"나는 여기에 있다."

그 말은 슬픔이 아니라 확인이다.
누가 옆에 있지 않아도,
나는 여전히 존재한다는 증거.
외로움은 나를 소멸시키는 게 아니라,
존재의 가장 단단한 형태로 세운다.

나는 외로움 속에서 많은 것을 배웠다.
누군가를 사랑할 수 있는 이유도,
누군가를 용서할 수 있는 이유도,
모두 외로움에서 비롯된다는 걸.
외로움을 모르면 그리움도, 이해도 자라지 않는다.
비어 있어야 채워질 수 있다.

그래서 이제는 외로움을 밀어내지 않는다.
그 자리에 앉아 조용히 숨을 쉰다.
처음엔 어색하지만, 곧 평화가 찾아온다.
마치 파도가 밀려왔다가 잦아드는 것처럼,
마음의 물결이 조금씩 가라앉는다.

나는 가끔 외로움을 하나의 방처럼 느낀다.
그 방에는 소음이 없고,
오직 나와 시간만이 있다.
처음엔 벽처럼 느껴지던 침묵이
이제는 벗처럼 느껴진다.
그 고요 속에서
나는 조금씩 내 마음의 모양을 배운다.
그건 세상이 가르쳐주지 못하는 것들이다.

우리는 모두 다르게 외롭다.
누군가는 사랑을 잃어서,
누군가는 꿈을 놓쳐서,
누군가는 자신을 몰라서 외롭다.
하지만 그 외로움의 형태가 다를 뿐,
그 근원은 같다.
'살아 있다'는 감각이 너무 선명해서,
그 선명함이 오히려 아프게 느껴질 뿐이다.

그래서 나는 생각한다.
외로움은 결핍이 아니라 깨어 있음의 증거라고.
외롭다는 건,
아직 세상을 느끼고 있다는 뜻이다.
아직 사랑하고 싶고,
아직 연결되고 싶다는 뜻이다.

———

이제 나는 외로움을 사랑한다.

그건 나를 다시 나로 돌려보내는 길이다.
외로움이 찾아오면,
나는 잠시 멈춰 서서 말한다.

"그래, 네가 왔구나."

그 순간 외로움은 더 이상 괴물이 아니다.
그건 나를 지키러 온 친구,
마음의 그림자이자 빛이다.

나는 그 자리를 비워둔다.
언제든 다시 찾아올 수 있도록.
그건 세상과 나를 잇는 가장 조용한 문이니까.

7장.
시간의 그림자

시간은 흐르는 줄 알았다.

과거는 지나가고,

미래는 아직 오지 않은 곳이라 믿었다.

그런데 어느 날, 문득 그런 생각이 들었다.

정말 시간이 '지나가는' 걸까?

아니면, 우리가 그 안을 '걸어가고 있는' 걸까?

나는 종종 예전의 나를 떠올린다.

아무것도 몰랐던 시절,

작은 꿈 하나로 하루를 버티던 시간들.

그때의 나는 사라진 줄 알았지만,

가끔 어떤 냄새나 빛을 마주할 때면
그 시절의 내가 지금의 나를 바라보는 것 같다.
그 기억은 단순한 과거가 아니라,
여전히 나 속에서 살아 있는 또 하나의 현재다.

시간은 직선이 아니다.
그건 겹겹이 쌓인 빛의 층 같다.
오늘의 나 속에는 어제의 내가 있고,
어제의 나 속에는 그보다 더 오래된 내가 있다.
그 층들은 보이지 않지만,
가끔 빛이 스며들 때
그 결이 드러난다.

나는 어느 저녁, 오래된 사진을 꺼내봤다.
사진 속의 나는 웃고 있었다.
지금보다 젊고, 단순하고, 무언가를 믿고 있었다.
그 모습을 보며 문득 생각했다.

"그때의 나는 아직 나 안에 있다."
시간은 나를 지나간 게 아니라,
나를 덮어온 것이다.

세상은 변한다.
풍경도, 사람도, 관계도.
그러나 그 변화 속에서도
사라지지 않는 것이 있다.
그건 느낌이다.
누군가를 사랑했던 마음,
무언가를 잃고 울었던 밤,
그 감정들은 형태를 바꿔
지금의 나를 만든다.
시간은 결국 감정의 재료다.
그 감정들이 굳어 나의 기억이 되고,
기억은 나의 형태가 된다.

나는 가끔 현재가 너무 빨리 지나간다고 느낀다.
하지만 사실, 시간은 우리를 떠나지 않는다.
우리가 놓치는 건 순간이 아니라, 집중이다.
지금 이 순간을 온전히 느끼면
시간은 더 이상 흐르지 않는다.
그건 멈추는 게 아니라,
'깊어지는' 것이다.

어떤 날은 아주 오래된 추억이
갑자기 눈앞에 선명하게 떠오른다.
그때의 공기, 그때의 냄새,
그때의 감정까지 그대로 되살아난다.
그건 과거가 돌아오는 게 아니다.
그건 내 안의 시간이 겹친 것이다.
시간은 이렇게 우리 안에서 이어지고 있다.

우리는 종종 "지나간 시간"을 슬퍼하지만,
시간은 지나가지 않는다.
그건 다른 모습으로 남아 있을 뿐이다.
사라진 줄 알았던 사랑도,
잊었다고 생각한 순간도,
다른 방식으로 여전히 내 안에 있다.
그건 그림자처럼 나를 따라다닌다.
그 그림자가 없었다면,
지금의 나는 완전하지 않았을 것이다.

시간은 스승이다.
그는 천천히, 그러나 반드시
모든 것을 이해하게 만든다.
상처를 치유하고,
기억을 부드럽게 하고,
마음을 단단하게 만든다.
우리는 늘 시간에게서 도망치려 하지만,

결국 시간의 품에서 다시 숨을 쉰다.
그건 우주가 정해놓은 법칙이다.

―

밤이 깊어질수록
나는 시간을 느낀다.
시계의 초침이 아닌,
내 안의 맥박으로 흐르는 시간.
그건 숫자가 아니라,
감정의 온도로 측정되는 시간이다.
기억이 따뜻할수록,
그 시간은 아직 살아 있다.

―

나는 이제 시간을 두려워하지 않는다.
시간은 나를 앗아가는 게 아니라,
나를 완성시키는 존재다.

그는 나를 흘려보내면서 동시에
나를 쌓아 올린다.
나는 그 손길 안에서 조금씩 다듬어진다.

"시간은 나를 지나간 적이 없다.
그는 늘 나와 함께 걸어왔다."

그 사실을 깨닫는 순간,
과거도 미래도 사라지고,
오직 지금만이 남는다.
그 '지금' 속에서
나는 조용히 숨을 쉰다.

8장.

죽음의 얼굴

죽음은 언제나 멀리 있는 줄 알았다.

하지만 언젠가부터 그 그림자가 천천히 다가와 내 삶의 끝자락을 스치고 있다는 걸 느낀다.

어릴 적엔 그것이 두려움이었다.

사라짐, 끝, 단절.

그러나 세월이 지나며 알게 됐다.

죽음은 어둠이 아니라, 형태가 바뀌는 빛이라는 것을.

―

나는 한번, 가까운 이를 떠나보냈다.

그날의 공기, 그날의 냄새,

그리고 마지막으로 그의 손을 잡았던 온기를 아직도 기억한다.

시간이 한참 흐른 지금도 그 감각은 여전히 내 안에 있다.

그의 숨은 멈췄지만,

그 온기는 사라지지 않았다.

그건 나의 기억 속에서 여전히 살아 있었다.

그때 처음 깨달았다.

죽음은 사라지는 일이 아니라 흩어지는 일이다.

사람이 떠나도 그가 남긴 사랑, 말, 표정,

그 모든 흔적이 누군가의 마음속에서 형태를 바꿔 살아간다.

별이 죽을 때 남긴 먼지가 새로운 별을 만들듯,

인간의 죽음도 그렇게 우주의 순환 속으로 들어간다.

―――

우리는 늘 죽음을 두려워한다.

그러나 그 두려움은 '끝'에 대한 공포가 아니라,
'알 수 없음'에 대한 불안이다.
우리는 언제나 눈으로 확인해야 안심하지만,
죽음은 눈으로 볼 수 없는 세계다.
그렇기에 공허처럼 느껴질 뿐이다.

하지만 어느 날 나는 생각했다.
혹시 죽음은 우주가 우리를 다시 품는 일이 아닐까?
우리는 태어날 때 공기를 들이쉬며 세상으로 들어오고,
죽을 때 그 숨을 내쉬며 세상 밖으로 나간다.
그 둘은 다르지 않다.
한쪽은 들어옴이고, 한쪽은 돌아감일 뿐이다.

―

자연은 이 진실을 알고 있다.
꽃은 피고, 지고, 다시 흙이 된다.
나무는 잎을 떨어뜨리고, 그 잎은 다시 땅의 양분이 된다.
죽음은 멈춤이 아니라 순환의 한 부분이다.

우리의 몸 또한 언젠가 흙이 되어
새로운 생명의 일부가 된다.
그건 두려움이 아니라,
우주가 자신을 계속 이어가기 위한 아름다운 법칙이다.

나는 종종 밤하늘을 보며 그런 생각을 한다.
저 별들 중 몇몇은 이미 오래전에 사라졌을지도 모른다.
하지만 우리는 여전히 그 빛을 보고 있다.
즉, 사라진 존재도 여전히 빛을 낸다.
그게 바로 죽음의 진짜 얼굴이다.
죽음은 사라지는 게 아니라,
다른 방식으로 계속 빛나는 일이다.

누군가를 잃고 난 뒤,
나는 한동안 세상을 다르게 보기 시작했다.

모든 것이 더 느리게, 더 깊게 다가왔다.

사소한 일에도 눈물이 났고,

작은 바람에도 마음이 흔들렸다.

그건 슬픔이 아니라,

죽음을 통해 '삶이 얼마나 귀한가'를 알게 된 감각이었다.

죽음은 우리에게 질문을 던진다.

"너는 지금 진짜로 살고 있는가?"

그 질문 앞에서 나는 자주 멈춰 선다.

그리고 그 순간마다 깨닫는다.

삶은 길이가 아니라, 깊이라는 것을.

하루를 깊게 사는 사람이,

평생을 얕게 사는 이보다 더 오래 산다.

죽음은 언젠가 내게도 올 것이다.

그 사실은 변하지 않는다.

하지만 이제 나는 그것을 두려워하지 않는다.

그건 종착점이 아니라 귀향이다.
우주가 나를 통해 한 번 숨을 쉬었고,
이제 다시 그 숨을 거두는 일일 뿐이다.
그리고 나는 그 숨결 속으로
조용히 녹아들 것이다.

"죽음은 끝이 아니다.
그것은 우주가 나를 다른 이름으로 부르는 순간이다."

그 이름이 무엇인지는 모르지만,
그 목소리는 분명 따뜻할 것이다.

9장.

변화의 법칙

세상은 끊임없이 변한다.

꽃은 피고, 바람은 방향을 바꾸며,

하늘의 색조차 매일 조금씩 다르다.

하지만 이상하게도,

인간은 그 변화 속에서만 불안을 느낀다.

무언가가 변할 때 우리는 잃을까 봐 두려워하고,

무언가가 그대로일 때는 지루함을 느낀다.

변화를 피하려 하지만,

결국 그 안에서만 살아간다.

나는 한동안 변화를 싫어했다.
익숙함 속에서 안정을 느꼈고,
낯선 것은 언제나 경계했다.
그런데 인생은 내가 원하지 않아도
늘 다른 얼굴로 다가왔다.
사람이 떠나고, 상황이 바뀌고,
마음의 모양도 계속 변했다.
그걸 막으려 하면 할수록
오히려 더 힘들어졌다.

그때 깨달았다.
변화를 막는 건 바람을 막는 일과 같다는 걸.
손으로 아무리 틀어막아도
결국 그 바람은 다른 틈으로 흘러든다.
변화는 억제할 수 있는 게 아니라,
흐름 그 자체다.

봄이 오면 눈이 녹고,
여름이 지나면 잎이 지고,
가을이 지나면 겨울이 온다.
그 순환은 늘 같지만,
매해의 봄은 똑같지 않다.
우주는 같은 길을 돌면서도
결코 같은 풍경을 반복하지 않는다.
그건 새로움이 생명의 본능이기 때문이다.

인간도 마찬가지다.
매일 똑같은 길을 걷지만,
그 길을 걷는 나는 매번 다르다.
어제의 나는 오늘의 내가 아니고,
오늘의 나는 내일의 내가 아니다.
나는 그렇게 조금씩 변하면서,
조금씩 '나'에 가까워진다.

변화는 두려움이 아니라 초대다.
우주는 끊임없이 우리에게 묻는다.
"너는 아직 살아 있니?"
그 물음에 대답하기 위해서는
움직여야 한다.
흐름 속에 머물러야 한다.

나는 가끔 내 삶이 너무 빠르게 변한다고 느낀다.
그럴 때면 마음이 흔들리고,
모든 게 낯설게 보인다.
하지만 시간을 두고 바라보면,
그 변화들은 결국 나를 한 방향으로 이끌고 있었다.
처음엔 몰랐던 길이었지만,
지금 돌아보면 그 길은 하나로 이어져 있었다.

삶의 변화에는 언제나 저항이 따른다.
그건 당연하다.

나무도 바람에 흔들리며 강해지고,
돌도 물의 흐름 속에서 조금씩 다듬어진다.
저항이 없었다면,
성장은 일어나지 않았을 것이다.
우리는 고통을 통해 배우고,
상실을 통해 성장한다.
그게 우주의 법칙이다.

나는 한번 이런 말을 들었다.
"모든 변화에는 이유가 있다.
단지 우리는 그 이유를 나중에야 안다."
그 말이 오래 마음에 남았다.
실패도, 이별도, 불안도
그 순간에는 이유를 모른다.
하지만 시간이 지나면 알게 된다.
그 변화가 나를 더 멀리,
더 깊은 곳으로 이끌고 있었다는 걸.

변화를 받아들이면,
세상은 더 넓어진다.
모든 것이 '일어날 수 있는 일'이 되고,
그 안에서 우리는 자유로워진다.
변화는 파괴가 아니라
새로운 질서의 시작이다.
우주가 스스로를 확장하기 위해
필요한 진동이다.

나는 더 이상 변화를 두려워하지 않는다.
그건 나를 잃는 일이 아니라,
나를 새로 알아가는 일이다.
우주는 지금도 변하고 있다.
별이 태어나고, 별이 사라지고,
그 안에서 나는 한 점의 변화로 존재한다.

"변화는 끝이 아니라,

우주가 나를 새로 쓰는 과정이다."

그걸 깨닫는 순간,
나는 더 이상 흐름을 거스르지 않는다.
그저 그 안에서 흘러간다.
그리고 그렇게 흘러가는 동안,
나는 조금씩 나 자신이 되어간다.

10장.
통찰의 불빛

삶은 종종 나를 흔든다.

예상치 못한 일들이 닥치고, 마음이 휘청거릴 때면

나는 마치 어두운 숲 속에서 길을 잃은 사람처럼 느낀다.

그럴 때마다 본능적으로 뭔가를 찾아 헤맨다.

답, 이유, 의미.

하지만 시간이 지나면 안다.

통찰은 찾는 게 아니라, 찾아오는 것이라는 걸.

통찰은 언제나 고요 속에서 온다.

시끄러운 생각이 잦아들고,

내 안의 바다가 잔잔해질 때 비로소 그 빛이 스며든다.

그건 갑작스럽고도 조용하다.

누군가가 마음속 등불을 켠 듯,

모든 게 선명해지는 순간.

나는 그 순간을 몇 번 경험했다.

슬픔 속에서, 후회 속에서, 혹은 아주 사소한 평범한 일상 속에서.

그때마다 느꼈다.

통찰은 특별한 깨달음이 아니라,

삶이 나에게 건네는 작은 이해의 손길이라는 걸.

사람들은 종종 "깨닫는다"는 걸 거창하게 생각한다.

하지만 진짜 깨달음은 거기에 있지 않다.

길을 걷다 문득 바람이 스칠 때,

누군가의 말 한마디가 유난히 깊게 박힐 때,

그 작은 순간이 바로 통찰의 시작이다.
그건 머리로 이해되는 게 아니라,
가슴으로 스며드는 일이다.

나는 그걸 '불빛'이라고 부른다.
통찰은 세상을 밝히는 빛이 아니라,
내 안의 어둠을 부드럽게 비추는 불빛이다.
그 불빛 덕분에 나는 내 그림자를 본다.
내 부족함, 내 두려움, 내 집착.
그것들을 직시할 때,
비로소 나는 조금 더 자유로워진다.

우리는 어둠을 나쁘다고 배웠다.
하지만 어둠이 없다면 빛은 존재하지 않는다.
어둠은 통찰의 배경이다.
그 속에서 우리는 진짜 자신을 본다.
빛만 바라보면 눈이 멀지만,

어둠을 두려워하지 않으면 시야가 넓어진다.

나는 예전엔 고통을 피하려 했다.
하지만 지금은 안다.
고통은 나를 가르치는 가장 정직한 스승이라는 걸.
통찰의 불빛은 늘 상처의 틈 사이로 들어온다.
아픔을 완전히 이해한 순간,
그 고통은 더 이상 나를 괴롭히지 않는다.
그건 나를 새롭게 만든다.

통찰은 지식이 아니다.
지식은 쌓이지만, 통찰은 스며든다.
그건 '이해한다'는 말보다 '느낀다'는 말에 가깝다.
삶의 모양이 복잡하게 얽혀 있을 때,
그 모든 것이 결국 하나로 이어져 있다는 걸 느끼는 순간.
그게 바로 통찰이다.

그때 나는 우주가 내게 말하고 있다는 걸 안다.

"모든 건 연결되어 있다."

그 말은 단순하지만,

삶의 모든 순간을 다시 바라보게 만든다.

내가 흘린 눈물도,

지나온 실패도,

모두 이 불빛 아래에서 하나의 의미를 가진다.

나는 이제 더 이상 세상을 판단하려 하지 않는다.

좋고 나쁨, 옳고 그름으로 나누지 않는다.

모든 것은 이유가 있고,

모든 것은 자리를 가진다.

그걸 받아들일 때,

마음속에서 고요한 불빛이 켜진다.

그건 세상을 바꾸는 빛이 아니라,

세상을 바라보는 나의 시선을 바꾸는 빛이다.

어느 날 새벽, 나는 창밖을 보았다.
아직 해가 뜨지 않았지만,
동쪽 하늘이 희미하게 밝아오고 있었다.
그 순간 나는 느꼈다.
통찰의 불빛이란,
결국 나 자신을 용서하는 빛이라는 걸.
그 불빛은 내 안에서 천천히 번지고,
세상을 부드럽게 감싸기 시작한다.

"통찰은 세상을 밝히지 않는다.
다만, 나를 조금 더 따뜻하게 만든다."

나는 그 불빛 아래서 오늘도 숨을 쉰다.
어제보다 조금 더 조용하게,
조금 더 깊게,
조금 더 나답게.

11장.
마음의 눈

사람은 두 개의 눈으로 세상을 본다.
하지만 진짜 시선은 눈이 아니라 마음에 있다.
눈은 사물을 보여주지만,
마음은 그 사물의 의미를 보여준다.

———

나는 어느 날 길을 걷다 멈췄다.
바람에 흔들리는 나뭇잎 하나가
유난히 아름답게 보였다.
평소 같으면 그냥 지나쳤을 풍경이었는데,
그날은 달랐다.

그 작은 잎 하나에도
세상이 숨 쉬고 있었다.
그때 깨달았다.
세상이 달라진 게 아니라,
내가 달라진 것이었다.

마음의 눈은 세상의 표면이 아닌,
그 속의 결을 본다.
사람의 미소 속에서 숨은 슬픔을,
침묵 속에서 말하지 못한 따뜻함을,
사라지는 빛 속에서 여전히 남은 온기를 본다.
그건 눈으로는 볼 수 없는 세계다.
보이지 않지만, 느껴지는 것들.
그것이야말로 진짜 현실이다.

우리는 너무 많은 걸 '본다'.
하지만 그만큼 많은 걸 '놓친다'.
눈이 익숙해질수록
세상은 더 낯설어지고,
마음이 닫힐수록
세상은 더 멀어진다.
그래서 나는 가끔 눈을 감는다.
그러면 이상하게도
세상이 더 선명해진다.

눈을 감으면 보이는 것들이 있다.
누군가의 진심,
지난날의 후회,
지금 내 안에 피어나는 고요한 감정.
그건 오직 마음의 눈으로만 볼 수 있다.

마음의 눈은 판단하지 않는다.

좋고 나쁨, 옳고 그름을 가리지 않는다.

그저 있는 그대로 본다.

그 시선이 닿을 때,

세상은 부드러워진다.

마음의 눈으로 보면

누구도 완벽하지 않지만,

누구도 완전히 잘못되지 않았다.

모두가 불완전하지만,

그 불완전함 속에서 빛난다.

나는 예전엔 사람들을 쉽게 단정지었다.

말투, 표정, 행동으로 그들을 판단했다.

하지만 어느 날,

무뚝뚝하던 한 사람이

조용히 커피를 건네며 한 말이 마음에 남았다.

"이거, 그냥 생각나서요."

그 한마디에 담긴 따뜻함이

말보다 더 많은 걸 전했다.

그 순간 깨달았다.

진심은 보이는 게 아니라, 전해지는 것이라는 걸.

세상을 마음의 눈으로 보면

모든 것이 연결되어 있음을 느낀다.

나무가 자라는 속도,

사람의 말투,

아이의 웃음,

늙은 개의 느린 걸음까지.

그 모든 것이
하나의 호흡으로 이어져 있다.
그리고 나는 그 호흡 속에서
나 자신을 본다.

마음의 눈을 가진 사람은
더 이상 세상을 흑백으로 나누지 않는다.
그는 이해하지 못해도,
함부로 판단하지 않는다.
그건 연민이 아니라,
깊은 이해다.
마음의 눈은 말하지 않고도 안다.
보이지 않아도 믿는다.
그리고 그 믿음 속에서
세상은 조금 더 따뜻해진다.

나는 오늘도 마음의 눈으로 본다.

비 오는 창문에 맺힌 물방울 하나,

길모퉁이에서 웃는 낯선 사람,

조용히 흩어지는 노을빛.

그 모든 것이 나에게 말을 건다.

"세상은 늘 여기에 있었다.

다만, 네가 이제서야 보기 시작한 것뿐이야."

나는 그 말에 조용히 고개를 끄덕인다.

세상은 변하지 않았지만,

내 눈이 달라졌다.

그리고 그 변화만으로도

세상은 이미 충분히 아름답다.

12장.

사랑과 용서

사랑은 우리를 가장 빛나게 하지만, 동시에 가장 아프게 만든다.

누군가를 진심으로 사랑할 때, 우리는 그 사람에게 마음의 일부를 내어준다.

그리고 그 일부를 되돌려받지 못할 때, 마음이 찢어지는 듯한 고통을 느낀다.

그 고통이 바로 사랑이 진짜였다는 증거다.

나는 사랑을 오래 오해했다.

사랑은 행복을 주는 감정이라 생각했다.
하지만 지금은 안다.
사랑은 행복보다 이해의 감정에 가깝다는 걸.
서로를 온전히 이해하려 애쓸 때,
우리는 비로소 인간의 깊은 영역에 닿는다.
그건 단순히 누군가를 좋아하는 게 아니라,
그 사람의 불완전함까지 함께 품는 일이다.

사랑은 완벽을 찾는 게 아니라,
불완전함 속의 조화를 배우는 과정이다.
서로의 모서리에 상처를 내면서도,
그 상처로 연결되는 일.
그래서 사랑은 늘 조금 아프다.

우리는 사랑을 통해 배운다.
참는 법을, 기다리는 법을, 포기하지 않는 법을.
그리고 가장 어려운 것, 용서하는 법을.

용서는 사랑의 끝이 아니라,
사랑의 완성이다.
누군가를 용서한다는 건
그 사람의 잘못을 잊는 게 아니라,
그 사람이 나에게 남긴 상처를
이해의 빛으로 바라보는 일이다.

나는 한때 누군가를 미워했다.
그 미움은 나를 단단하게 만드는 줄 알았다.
하지만 시간이 지날수록,
그 단단함은 나를 무겁게 짓눌렀다.
미움은 나를 지키지 않았다.
오히려 나를 갉아먹었다.

그때 알았다.
용서란 결국 나 자신을 풀어주는 일이라는 걸.
용서하지 못하면 그 감정 속에 내가 갇힌다.

그리고 그 감옥의 열쇠는 언제나 내 손에 있다.

용서에는 조건이 없다.

"그가 사과하면", "시간이 지나면" 같은 이유를 기다릴 필요도 없다.

용서는 선택이다.

그리고 그 선택은 나를 자유롭게 한다.

우리는 누군가를 용서할 때,

그 사람보다 먼저 스스로를 치유한다.

마음속의 분노가 가라앉고,

그 자리에 평화가 들어온다.

그 평화는 세상 어떤 위로보다 깊고 조용하다.

사랑과 용서는 마치 두 개의 강처럼 보이지만,

결국 같은 바다로 흘러든다.
사랑이 없다면 용서는 메말라 버리고,
용서가 없다면 사랑은 오래가지 못한다.
둘은 서로를 필요로 한다.
사랑은 주는 법을 배우게 하고,
용서는 그 주는 마음을 지켜준다.

나는 이제 사랑을 두려워하지 않는다.
그건 상처를 의미하지 않는다.
상처 속에 빛이 들어올 수 있다는 걸 알기 때문이다.
누군가를 사랑하는 일은
결국 나 자신을 확장하는 일이다.
그리고 누군가를 용서하는 일은
그 확장된 마음에 평화를 불러오는 일이다.

세상은 완전한 사랑으로 이루어져 있지 않다.
그러나 그 불완전한 사랑들이 모여
우주의 리듬을 만든다.
서로의 아픔 속에서도 여전히 다정하려 애쓰는 것,
그게 인간의 위대함이다.

"사랑은 나를 열고,
용서는 그 열린 마음을 지켜주는 일이다."

나는 오늘도 누군가를 사랑하고,
누군가를 용서하기 위해
천천히 마음을 연다.

13장.
자연의 언어

아침 공기 속에는 말이 있다.

새가 지저귀고, 바람이 나뭇잎을 스칠 때,

그 소리들은 하나의 문장처럼 이어진다.

그 문장은 단어가 없지만,

그 안에는 수많은 뜻이 담겨 있다.

나는 가끔 숲속에 들어간다.

그곳엔 말이 없지만, 대화가 있다.

나무와 흙, 물소리와 빛이 서로를 이해하며 조용히 어울린다.

누가 먼저 말하지 않아도
그들은 늘 서로의 존재를 알고 있다.

나는 그들 사이를 걷는다.
발밑에서 낙엽이 부서지는 소리,
먼 하늘에서 들려오는 새의 울음.
그 모든 것이 하나의 거대한 숨결처럼 들린다.
그 순간, 나는 알았다.
자연은 언제나 우리보다 먼저 말하고 있었다.

우리는 늘 말로 소통하려 한다.
하지만 자연은 침묵으로 말한다.
그 침묵은 공허가 아니라 가득 찬 고요다.
그 안에는 바람의 리듬,
빛의 방향,
물의 흐름이 들어 있다.
그건 마음으로만 들을 수 있는 언어다.

비가 오는 날, 나는 창가에 앉는다.
빗방울이 유리창을 두드릴 때마다
세상이 나에게 말을 거는 것 같다.
그 소리는 "멈춰라"라고 말하지 않는다.
그저 "여기 있다"라고 속삭인다.
그리고 그 단순한 한마디가
나를 조용히 안심시킨다.

자연의 언어는 늘 단순하다.

하지만 그 단순함 속에
모든 복잡함이 녹아 있다.
그건 설명하지 않아도 이해되는 언어,
눈으로 보지 않아도 느껴지는 대화다.

봄에는 새싹이, 여름에는 바람이,
가을에는 낙엽이, 겨울에는 눈이 말을 건다.
그들은 모두 다른 말을 하지만,
뜻은 하나다.
"모든 것은 돌고 있다."

그 말이 들릴 때면,
죽음도, 상실도, 슬픔도 두렵지 않다.
모든 것이 흘러가며,
모든 것이 돌아온다.
자연은 그렇게 끊임없이 우리에게
'순환의 의미'를 가르친다.

나는 이제 자연을 바라볼 때
그 안에서 나 자신을 본다.
바람은 내 생각 같고,
구름은 내 감정 같고,
하늘은 내 마음의 넓이 같다.
우리는 다르지 않다.
나는 자연의 일부이고,
자연은 나의 일부다.

우리는 종종 자연을 배경으로만 여긴다.
그러나 자연은 언제나 함께 존재하는 주체다.
꽃은 우리의 시선을 위해 피는 게 아니라,
그 자체로 완전하기 위해 핀다.
그 단순한 완전함 속에서
나는 존재의 의미를 배운다.

어느 날, 나는 바다 앞에 섰다.
그 끝없는 수평선 너머에서
바람이 내 얼굴을 스쳤다.
그 바람 속엔 어떤 문장도 없었지만,
나는 그 뜻을 알았다.

"너도 나처럼 흐르면 된다."

그 한마디에 모든 것이 녹았다.
나는 더 이상 무엇이 되려 하지 않았다.
그저 지금의 나로 충분했다.

자연의 언어는 침묵 속에서만 들린다.
그 침묵은 나를 비추는 거울 같다.
그 안에서 나는 세상을 보고,

세상은 나를 본다.
그건 이해가 아니라 공명이다.
우주가 내게 말을 걸고,
나는 그 말에 마음으로 대답한다.

"나도 너와 함께 흐르고 있다."

그 대답이 닿을 때,
세상은 잠시 멈춘 듯 조용해진다.
그건 완벽한 고요,
그리고 완전한 연결의 순간이다.

14장.
귀향

돌아간다는 건 이상한 감정이다.
낯설었던 길이 어느 순간 익숙해지고,
익숙했던 것들이 낯설어질 때쯤
마음속에서 조용히 들려오는 부름이 있다.
"이제 돌아갈 시간이다."

그 부름은 장소가 아니라,
마음의 방향을 가리킨다.
귀향은 어디로 가는 게 아니라,
자신에게 돌아오는 일이다.

나는 오래도록 세상의 끝을 향해 달렸다.

무언가를 이루고 싶었고,

무엇이든 잡고 싶었다.

하지만 멀리 갈수록 마음은 점점 비어갔다.

그제야 깨달았다.

세상은 끝이 아니라 원이었다는 걸.

나는 떠난 적도, 잃은 적도 없었다.

단지, 잠시 잊고 있었을 뿐이다.

우리는 모두 각자의 길 위를 걷지만,

결국 같은 곳으로 돌아간다.

그곳은 어린 날의 기억처럼

따뜻하고 조용한 자리다.

그곳엔 시간도 없고, 경쟁도 없다.

그저 "존재"만이 있다.

귀향은 그 존재를 다시 인정하는 일이다.

어느 날, 나는 오래된 집을 찾았다.
문을 열자 익숙한 냄새가 났다.
시간이 멈춘 듯한 그 공간 안에서
나는 나의 옛 모습을 보았다.
걱정이 많고, 불안했지만
세상을 향해 눈을 반짝이던 나.
그때의 나는 여전히 그 자리에 있었다.

나는 그 아이에게 속삭였다.
"괜찮아, 이제 돌아왔어."

그 말 한마디에
마음속 깊은 곳이 따뜻해졌다.
그건 오랜 여정의 끝에서 느끼는
조용한 평화였다.

귀향은 죽음과도 닮았다.
몸은 흙으로, 숨은 공기로,
의식은 빛으로 흩어진다.
그러나 그것은 사라짐이 아니라 돌아감이다.
모든 생명은 우주로부터 와서
다시 우주로 돌아간다.
그건 두려운 일이 아니다.
고향의 품으로 돌아가는 일이다.

나는 이제 돌아감을 두려워하지 않는다.
모든 길은 결국 하나의 중심으로 이어진다.
그 중심은 밖에 있지 않다.
바로 내 안,
조용히 숨 쉬는 영혼의 자리다.

그곳에서는
시간도, 이름도, 욕망도 의미를 잃는다.

그저 '있음'만이 남는다.

그 단순한 있음이,

이 모든 여정의 이유였다.

밤하늘을 올려다본다.

별들은 멀리 있지만,

그 빛은 지금 이곳을 비춘다.

그건 마치

우주가 "집에 돌아오라"고 부르는 듯했다.

나는 그 부름에 고개를 끄덕인다.

"나는 떠난 적이 없었다.

다만, 돌아오는 길을 오래 헤매고 있었을 뿐이다."

그 말을 마음속에 새기자

세상이 조금 달라 보였다.

모든 길이 환하게 이어져 있었다.

돌아감은 끝이 아니라,
완전함의 또 다른 이름이었다.

15장.

다시 삶으로

아침의 빛이 천천히 들어온다.
긴 밤의 생각들이 희미해지고,
세상은 다시 움직이기 시작한다.
나는 그 빛 속에서 숨을 들이쉰다.
그 단순한 행위 하나가,
삶의 모든 의미를 품고 있음을 느낀다.

―

긴 여정이었다.
나는 우주의 신비를 바라보았고,

삶의 무게를 느꼈으며,

죽음의 고요함을 이해했다.

그리고 이제야 안다.

이 모든 것은 살아 있기 위한 과정이었다는 걸.

우주는 나를 통해 스스로를 느끼고,

나는 그 느낌 속에서 의미를 찾는다.

삶은 거대한 깨달음이 아니라,

작은 일상 속의 지속된 기적이다.

햇살 한 줄기, 따뜻한 숨,

누군가의 웃음, 그 모든 것이 우주의 대화다.

나는 한때 삶을 이해하려 애썼다.

삶의 목적을 찾아 헤맸고,

무언가 되어야만 한다는 생각에 지쳐갔다.

하지만 이제는 안다.

삶은 이해의 대상이 아니라 참여의 경험이라는 것을.

살아간다는 건,
모든 순간 속에 자신을 던지는 일이다.

이제 나는 완벽을 원하지 않는다.
불완전함 속에도 질서가 있고,
실수 속에도 아름다움이 있다.
삶은 언제나 조금 비틀린 선으로 그려지지만,
그 불완전함이 곧 우리의 리듬이 된다.
우주는 그 리듬을 사랑한다.

나는 오늘도 걷는다.
어제와 같은 길,
하지만 어제와는 다른 마음으로.
길가의 나무가 바람에 흔들리는 모습,
사람들의 말소리,

그 속에서 나는 살아 있음을 느낀다.
살아 있다는 건 거창한 게 아니다.
그저 느끼고, 숨 쉬고, 존재하는 일이다.

―

삶은 때로 다시 무거워질 것이다.
걱정이 찾아오고, 마음이 흔들릴 것이다.
그러나 이제 나는 안다.
그 모든 순간이 우주가 나에게 말을 거는 시간이라는 걸.
"괜찮아, 네가 아직 살아 있다는 증거야."
그 말에 나는 미소 짓는다.

―

나는 이제 과거를 붙잡지 않는다.
그건 이미 내 안에서 살아 있는 시간이다.
미래를 두려워하지도 않는다.
그건 아직 오지 않은 빛일 뿐이다.

나는 지금 여기에 있다.
이 숨, 이 감정, 이 순간 속에서.
이 순간이 바로 삶이다.

———

삶은 거대한 의미를 찾아 헤매는 여정이 아니다.
그건 이미 우리 안에 있다.
우주가 우리에게 준 가장 큰 선물은
"지금"이라는 시간이다.
지금 느끼고, 지금 사랑하고, 지금 존재하는 일.
그게 전부이자, 완전하다.

"나는 오늘도 숨을 쉰다.
그것이면 충분하다."

———

세상은 다시 하루를 시작한다.

햇살은 창문을 두드리고,
바람은 나뭇잎을 흔든다.
나는 그 속에서 조용히 웃는다.
이제 나는 안다.

우주는 여전히 나를 통해 숨 쉬고 있고,
나는 여전히 우주 속에서 살아간다.

그리고 그것이면,
정말 충분하다.

부록 : 우주의 이치와 과학적 해석

이 책의 이야기들은 감성의 언어로 쓰였지만,
그 바탕에는 과학이 닿아 있다.
우주는 단지 차가운 물리 법칙의 공간이 아니라,
자신을 느끼고 이해하려는 거대한 생명체일지도 모른다.
그 시선으로, 이 책의 장들 속에 숨어 있는 과학적 연결을 살펴본다.

1장~3장 : 우주는 스스로를 인식하기 위해 나를 만든다

천문학자 칼 세이건은 말했다.

"우리는 우주가 스스로를 인식하기 위해 진화한 존재다."

인간의 의식은 수십억 년 동안의 우주 진화가 만들어낸 거울이다.

양자역학의 '관측자 효과'는 관찰 행위가 현실을 바꿀 수 있음을 보여준다.

우주는 관찰을 통해 자신을 '느끼는' 존재일지도 모른다.

즉, 나의 눈은 우주의 눈이다.

4장~6장 : 삶과 숨, 감정은 에너지의 흐름이다

우주는 끊임없이 흐르는 에너지다.
호흡은 그 에너지 교환의 한 장면이다.
인간이 내쉬는 이산화탄소는 식물의 숨이 되고,
식물의 산소는 다시 우리의 숨이 된다.
감정 또한 전기와 화학의 흐름이다.
기쁨과 슬픔, 사랑과 외로움까지도
결국은 우주의 파동이 마음을 통과하는 순간이다.

7장~9장 : 죽음은 사라짐이 아니라 변환이다

물리학은 말한다.
"에너지는 사라지지 않고 형태를 바꿀 뿐이다."
별이 폭발해 사라질 때, 그 잔해로 새로운 별이 태어난다.
우리의 몸을 이루는 원소들—탄소, 철, 산소—모두 그런 별의 유산이다.
그러므로 죽음은 끝이 아니라 또 다른 시작이다.
우주가 형태를 바꿔 자신을 이어가는 과정 속에
우리의 존재도 함께 순환한다.

10장~13장 : 사랑과 자연은 연결의 언어다

사랑은 신경학적으로도 '공명의 현상'이다.
거울 뉴런이 타인의 감정에 반응하며,

그 공감의 파동이 인간을 연결한다.

자연 또한 스스로 질서를 만든다.

눈송이, 나뭇잎, 은하의 나선 구조까지—

모두 같은 수학적 패턴, 프랙탈로 이루어져 있다.

자연과 인간이 닮았다는 말은 단순한 은유가 아니다.

그건 실제의 구조다.

14장~15장 : 귀향과 다시 삶으로 – 순환의 우주

삶은 에너지의 임시적 형태이고,

죽음은 그 에너지가 다른 곳으로 흘러가는 순간이다.

양자장 이론에 따르면,

모든 입자는 독립된 존재가 아니라 거대한 장의 진동이다.

우리가 사라져도 우리를 이루던 장은 계속 흔들린다.

우주는 늘 새롭게 숨 쉬며,

그 숨결 속에서 생명은 다시 태어난다.

이 모든 과학은 결국 하나의 문장으로 수렴한다.

"나는 작지만, 나를 통해 우주는 자신을 느낀다."

우주가 나를 통해 자신을 바라보고,
나 또한 우주를 통해 나를 이해한다.
이 책의 모든 이야기는 그 한 문장으로 돌아간다.
그리고 그 순환 속에서, 우리는 잠시 빛으로 존재한다.

작가의 말

저는 언제나 하늘을 올려다보는 사람이었습니다.
어릴 적 산자락에서 별을 보며 느꼈던 그 고요함이
아직도 내 안 어딘가에서 살아 숨 쉬고 있었죠.

이 책은 그때의 나에게서 시작되었습니다.
세상이 너무 시끄러워질 때,
다시 하늘을 보며 제 자신을 확인했습니다.
그건 신앙도, 철학도 아닌, 그저
"살아 있음"의 확인이었습니다.

완벽한 답을 찾으려 하기보단,
느끼고, 멈추고, 바라봤습니다.

그 작은 순간들 속에서 우주는
"너는 작지만, 너를 통해 나는 느낀다."라고
이야기하였습니다.
그 말은 제 안에 오래 머물렀고,
이 책은 그 울림을 따라 쓴 기록입니다.

 이 글을 읽는 독자분들께서도
 항상 그리고 또 자주 하늘을 올려다보았으면 좋겠습니다.
 별빛이 닿는 그 순간,
 당신은 이미 우주와 연결되어 있을 것이니까요.
 분명 그 사실 하나만으로 충분할 것입니다.

 이 책을 쓰는 동안에도 삶은 여전히 어렵고,
세상은 여전히 빠르지만,
저는 다시금 제 자신에게 돌아왔습니다.

 어쩌면 과거보다 조금 더 천천히 숨을 쉬고,
그 숨 속에서 다시 느낍니다.

"우주는 나를 통해 살아 있고,
나는 우주 속에서 다시 태어난다."라고..

 읽어주셔서 감사합니다.
당신이 느낀 그 모든 순간은,
이 우주의 일부입니다.

- 2014.09.07. 우주가 처음 나에게 말을 걸어온 날